남해

2020

남해

김재석 시집

사의재

시인의 말

조선 선비들의 당쟁에 대하여
관심을 가진 적이 있다

인간 관계론인 사서삼경에 대한
공부를 끝낸 분들이
서로 물어뜯다가
유배를 가고
사약을 받는 걸 보았다

유배 한 번 안 가고
생을 마무리한 선비들이
몇이나 될까

서로
상생하는 길을 모색하지 않고
서로 죽이는 일에 몰두한
조선을 생각하며
사서삼경도 중요하지만
자신의 생을 무난하게 마무리할 수 있는
지혜가 필요하다는 생각을 했다

조선의 효자 중의 효자인
서포 김만중에게
구운몽을
사씨남정기를 안겨 주려고
조선이
서포 김만중을 내쳤을까

서포 김만중에게
꽂힌 내가
뜬금없이 『남해』란 시집을 낳았다

연기의 법칙은
때로 천방지축이다

    2020년 여름
    일속산방一粟山房에서
    작시치作詩痴 김 재 석

차례

남 해

시인의 말

1부

남해 13
남해 14
남해 16
남해 17
남해 18
남해 20
남해 22
남해 24
남해 26
남해 28
남해 30

2부

보리암 일출 33
보리암 일출 35
보리암 쏙독새 37

보리암 소쩍새 38

보리암 까마귀 40

보리암 까마귀 떼 42

보리암 일주문인 쌍홍문은 자연산이다 44

매사촌과 팔색조는 보리암 도반이다 46

먼 걸음을 한 길들이 보리암 관세음보살상을 눈에 담다 48

보리암 보광전은 머리가 무겁다 50

극락전이 보광전의 힘을 덜어주고 있다 52

보리암전 삼층석탑은 작은 거인이다 54

간성각이 종무소로 변신하다 55

범종이 헬기 타고 금산에 오신 귀한 몸인 건 분명하나 56

보리암 산령각의 산신이 금산의 생사를 주관하시다 58

바위종다리가 보리암 범종의 몸매에 꽂혔다 60

반야용선을 꿈꾸는 보리암 예성당이 하고 싶은 말을 주련으로 하다 62

보리암 선은전이 마음의 상처가 크다 64

3부

노도가 노심초사를 가까이하고 있다 67

노도 바다직박구리는 이동식 카메라다 70

노도 마을회관 포구나무가 가까스로 목숨을 건지다 72

서포 김만중 초옥이 구름을 눈에 담으며 혼잣말을 하

다 74
서포 김만중 초옥이 탱자나무 아닌 동백나무가 대세다 76
서포 김만중 초옥 동백나무들이 눈빛으로 이야기의 꽃을 피우다 78
서포 김만중 초옥이 생각에 잠겨 있다 80
서포 김만중 초옥을 동백나무들이 이야기를 해달라고 눈빛으로 조른다 82
노도가 뒤늦게 서포 김만중 초옥 덕을 보다 84
서포 김만중 초옥이 노도에게 김만중 문학관을 안겨주다 86
서포 김만중 초옥이 낮잠을 자다가 잠꼬대를 하다 88

4부

조선왕조가 남해로 내친 인물이 한둘이 아니다 91
유배문학관이 서포 김만중에게 은혜를 입다 93
다랭이논이 근검절약이 몸에 배였다 95
노량에게 불만을 토하는 눈빛들이 많다 96
충렬사가 나의 눈빛을 읽다 98
떨어진 별이 씨가 되어 이락사가 피어나다 100
관음포가 마음이 편할 리가 없다 102
지족해협 죽방렴 104
상주은모래해협이 보리암의 마음을 설레게 하다 106
남해가천 암수바위가 태연자약하다 108

남해는 부동이화 중인 물건방조어부림이 답이다 110
사철단풍인 독일마을은 독일 친선대사다 112
남해 미국마을에서 자유의 여신상을 맛보다 114
금산 긴꼬리딱새를 가까스로 눈에 담다 116
지장도량 용문사가 유명세를 치루다 118
약사도량 화방사에게 나의 병을 털어놓는 것은 염치없는 일이다 120
송정 솔바람 해변에서 코를 쿵쿵거리다 123
삼천포가 남해를 밧줄로 붙들어 매려고 섬들을 설득하다 124
나비생태공원의 나비생태관은 메타모포시스 공연장이다 126

1부

남해

남해의 해와 달, 별빛 속에
뭐가 들어 있기에
남해를 다녀오면
사람이 이리 달라지나

그냥 다녀만 와도 이리 달라지는데
일박이일 아니
이박삼일이라도 하면
사람이 얼마나 달라질까

금산 보리암도
노도 서포 김만중 초옥도
必死卽生必生卽死 충렬사도
사람이 달라지는 데 일조할 것이다

남해의 해와 달, 별빛 속에
뭐가 들어 있기에
남해를 다녀오면
사람이 이리 달라지나

* 필사즉갱필생즉사 必死卽生必生卽死

남해
- 노량대교

고삐 매인다 생각했으면
고삐 매이지 않으려
발버둥쳤겠지

고삐 매인다 생각하지 않았기에
고삐 매여도
발버둥치지 않았지

고삐 매여 나쁠 수도 있고
고삐 매여 좋을 수도 있는데
고삐 매여 좋다 생각했기에
순응한 건가

아니면
떠내려가지 않도록 붙들어 주는
밧줄이라 생각했을까

맞다,
맞다
고삐가 아니라
밧줄이라 생각한 거다

고삐가 아니고
밧줄인 것은
코뚜레가 뚫리지 않은 것을 보면
그냥 알 수 있다

떠내려가지 않도록 붙들어 주는
밧줄이라 생각했기에
발버둥치지 않은 거다

남해

먼 바다로
더 이상 떠내려가지 않도록
단단히 매놓은 보석이다

처음 밧줄에 묶일 때
오해하지 않았다면 거짓말이다

밧줄로 묶이는데
오해하지 않을 놈이 어디 있겠는가

떠내려갈 수 있어
밧줄로 묶겠다니
말리지 못한 것이다

무슨 꼼수를 부리나 하는
생각도 들었지만
이치에 맞는 이야기여 받아드린 것이다

먼 바다로
조금이라도 떠내려가지 않도록
단단히 매놓은 보석이다

남해

밧줄로 묶인 게
좋은 거다

밧줄로 묶이지 않았더라면
바다가
자기 쪽으로 끌고 갈 것이다

바다가
자기 쪽으로 끌고 가는 데
멸치들이 여러 몫을 할 것이다

멸치들이
죽을힘을 다하여 끌어당기는데
끝까지 버틸 리가 없다

멸치들에게 감동 먹어
멸치들이 하자는 대로
할 것이다

밧줄로 묶인 건
잘한 거다

남해

서포 김만중을
기꺼이 맡았을까,
마지못해 맡았을까

그때 그 시절엔
마지못해 맡았어도
지금 생각하니 맡은 게
잘한 일이라고 생각하고 있을까

오지랖이 넓은, 강직한 서포에게
무얼 가르치고
무얼 배웠을까

이것저것
묻고 싶은 것이 많지만
묻지 말아야지

괜히
질문을 하여
입장이 난처해질 수도 있으니
나 혼자 속으로 생각해야지

서포 김만중을
마지못해 맡았을까,
기꺼이 맡았을까

남해

서포에게
무얼 가르치고
무얼 배웠을까

가르치기만 하고
배우지는 않았을까
배우기만 하고
가르치지는 않았을까

가르쳤으면
무얼 가르쳤을까

해배되어 돌아가면
다시는 총대 맬 생각하지 말라고
가르쳤을까

배웠으면
무얼 배웠을까

목숨을 잃더라도
총대 맬 때는 매야한다는 걸

배웠을까

서포에게
무얼 배우고
무얼 가르쳤을까

남해

유배 온 서포를
챙겼을까,
방치하였을까

챙겼다면
지금 서포 덕 보고 있는 것은
당연한 것이다

방치했다면
지금 서포 덕 보고 있는 것은
당연한 것이 아니다

챙겼지
방치하진 않았을 것이다

챙겼으나
마음대로 되지 않은 것이다

서포가
오래 버티지 못한 데 대하여
비통해 하였을 것이다

챙겼는지
방치했는지
따질 일도 아니다,
지금

남해

멸치를 가까이한 것은
다 생각이 있어서다

가까이하려면
고래를 가까이하지
멸치를 가까이하냐며
비아냥거리는 이들이 있을 것이다

다들
뭘 모르고 하는 소리다

멸치는 우리들 모두의
생의 밑반찬이 되어도
고래는 우리들 모두의
생의 밑반찬이 되지 못한다

멸치가 만만해서
가까이한 게 아니다

고래가 무서워서
가까이하지 않은 것이 아니다

만인의
생의 밑반찬인
멸치를 책임진 것이다

멸치를 가까이한 것은
다 생각이 있어서다

남해

멸치만 가까이한다는 말을
들을 수 있어도
전혀 신경 쓰지 않는 것은
멸치 속에 고래가 들어있어서다

고래를 가까이하고 싶은 마음이
없는 게 아니라
멸치 덕에
이미 고래를 가까이하고 있는 것이다

생의 밑반찬인
멸치 속에서
아무나 볼 수 없는 고래를 보고서
혼자 즐기고 있는 것이다

멸치 덕에
이미 고래와 가까이하고 있으면서도
내색하지 않을 정도로
내공이 센 것이다

멸치만 가까이한다는 말을

들을 수 있어도
전혀 신경 쓰지 않는 것은
멸치 속에 고래가 들어있어서다

남해

누구와
다투는 걸 본 적이 없다

남의 걸 넘보지 않기에
가능한 일이다

남의 걸 넘보지 않는 것이
어디 쉬운 일인가

나름대로
뭔가 비법이 있다

가슴에 뭔가를 새긴 게
분명하다

그게 뭘까,
그게 뭘까

子貢 曰 我不欲人之加諸我也를 吾亦欲無加諸人
子曰 賜也 非爾所及也

공자가 자공에게
네가 미치지 못할 일이라고 한 말이다

다 속여도
내 눈은 못 속인다

누구와
누굴 뒷담화하는 것도 본 적이 없다

* 子貢 曰 我不欲人之加諸我也 吾亦欲無加諸人. 子曰 賜也. 非爾所及也.

　자공 왈 아불욕인지가제아야 오역욕무가제인. 자왈 사야. 비이소급야.

: 자공이 말하기를 "나는 다른 사람이 나에게 해주지 않았으면 하는 것을 나도 역시 남에게 베풀지 않고자 합니다."라고 하자, 공자가 말하기를 "자공아, 네가 미칠 수 있는 일이 아니다."라고 하셨다.

남해

재주가
비상하다

재주가 어느 정도 비상하냐 하면
멸치들, 멸치들이
고분고분 말을 잘 듣는다

고분고분 말을 잘 듣는 정도가 아니라
멸치들이
목숨까지 내놓는다

덩치는 작아도
바다로 흘러든
은하수로 빚은 귀한 몸인 멸치들이
아무에게나
목숨까지 내놓지 않는다

눈앞에 멸치들, 멸치들이
죽고 못 산다

재주가
비상하다

2부

보리암 일출

바다 밑 진흙소인 해가
막무가내
얼굴 내미는 게 아니라
자세를 바르게 하고
얼굴 내미는 것은
누군가가 지켜봐서 그러는 게 아니다

하늘밭 갈러가도
아무거나 차려 입는 게 아니라
정장을 하고
품위 있게 얼굴 내미는 걸 보면
누가 지켜봐서 그러는 게 아니라
천성이 그러해서다

누가 지켜본다고 해서
해가 자세를 바르게 하고
누가 지켜보지 않는다고 해서
해가 막무가내 행동을 한다고 하면
'하늘을 우러러 한 점 부끄러움이 없기를'이란
말은 태어나지도 않았을 것이다

하늘밭 갈러 나올 때나
하늘밭 가는 걸 마치고 돌아갈 때는
똑바로 바라볼 수 있어도
진흙소인 해가 하늘밭 가느라
정신없을 때는
똑바로 바라볼 수 없는 것을

바다 밑 진흙소인 해가
막무가내
얼굴 내미는 게 아니라
자세를 바르게 하고
얼굴 내미는 것은
누군가가 지켜봐서 그러는 게 아니다

보리암 일출

얼굴 내미는
바다 밑 진흙소를
보리암이 지켜보고 있다

노심초사하지 않는
보리암은 하나도 없다

해수관세음보살상이
삼층석탑이
우두커니 서 있기만 하겠는가

달려가
진흙소의 발을 잡아줄 수는 없어도
마음의 손을 내밀고 있다

해수관세음보살상만
삼층석탑만
마음의 손을 내미는 게 아니라
보리암이란
보리암은 다 마음의 손을 내밀고 있다

진흙소인 해가
자궁인 바다에서
제대로 얼굴 내밀 때까지
노심초사하고 있다

얼굴 내미는
바다 밑 진흙소를
보리암이 지켜보고 있다

보리암 쏙독새

쏙독, 쏙독, 쏙독
쏙, 쏙, 쏙, 쏙

한밤중에 누가 무를 써나 했더니
쏙독새다

쏙독새의 사연을 모르는 이들은
무심코 들어도
쏙독새의 사연을 아는 이들은
곧잘 눈시울이 뜨거워진다

쏙독, 쏙독, 쏙독
쏙, 쏙, 쏙, 쏙

보리암이란
보리암은 다 눈시울이 뜨거워질 거다

금산38경 중 어느 경이
눈시울이 뜨거워지지 않는다면
측은지심이 없는 거다

보리암 소쩍새

누구도
못 말린다

말릴
일도 아니다

누구도
못 말리고
말릴 일도 아닌 일을
말리려고 했다간
욕을 바가지로 먹는다

내버려 둬야 한다
내버려 둬야 한다

자신이
성불하겠다고
경을 읽는 게 아니라
중생들을 위해
경을 읽는단다

잠 좀 자자,
잠 좀 자자
무식한 소리란다

조금치도
남을 배려하지 않는다고
자기만 안다고 오해를 사도
오해를 불식시키려고도 하지 않는다

누구도
못 말린다

보리암 까마귀

이목구비와
오장육부와 발이 있는
숯이다

어디 가서 닿기만 하면
지저분해질 것 같은데
지저분해지지 않는 걸 보면
희귀하다

동고동락하는
금산 38경 중 어느 경도
지저분해지지 않는 걸 보면
뭔가 비법이 있다

까악,
까악

목소리는 거슬려도
세상의
궂은일 도맡아하는 걸 보면
외모와는 딴판이다

이목구비와
오장육부와 발이 있는
숯이다

보리암 까마귀 떼

금산 38경 중 누구도
앞에서 싫은 내색을 하지 않는데도
마음이 편치 않은 것은
자격지심이 발동한 거다

다들 숯인 까마귀들을
멀리할 것 같은데
멀리하지 않으니
오히려 마음이 편치 않다

사실 금산 38경 중 누구도
숯인 까마귀들을
멀리하지도
가까이하지도 않는다

감정을 드러내지 않는 금산 38경을
멀리할 수도
가까이할 수도 있는 것은
숯인 까마귀들이다

금산 38경은

편견과 선입관에
사로잡힌 적이 없으며
더욱 시기와 모함과는 거리가 멀다

금산 38경 중 누구도
대놓고 뭐라 한 적 없는데도
고민이 깊은 것은
괜한 자격지심이 발동한 거다

보리암 일주문 쌍홍문은 자연산이다

보리암 일주문 쌍홍문은
자연산이다

보리암이 자리를 잡기 전부터
그 자리에 있어 온
앞으로도 어디로 갈 데가 없는
자연산인 보리암 일주문 쌍홍문은
금산의 토박이다

보리암 일주문 쌍홍문이
자신의 신분을 밝히지 않으니
쌍홍문이 일주문인 줄
먼 걸음을 한 길들이 몰라볼 수밖에 없다

보리암 일주문 쌍홍문이
자신의 신분을 밝히지 않아도
일주문인 줄 알아보는
먼 걸음을 한 길이 있다면
보리암에 대하여 선수학습을 한 것이다

선수학습을 하지 않았는데

누가 가르쳐주지 않았는데
쌍홍문이 보리암 일주문인 걸 알아챈
먼 걸음을 한 길이 있다면
도가 튼 것이다

보리암 일주문 쌍홍문은
자연산이다

매사촌과 팔색조는 보리암 도반이다

매사촌과 팔색조는 보리암 도반이다

도반끼리 다투는 건
보리암을 욕되게 하는 일이라고
알고 있다

보리암 자연산 일주문인 쌍홍문을 경계로
위쪽은 매사촌이
아래쪽은 팔색조가 차지하고 있다

위쪽은
삐이이 삐이이 삐이이 삐이이
삐삐삐삐삐삐삐삐가
대세다

아래쪽은
호오-잇 호오-잇 호오-잇 호오-잇이
대세다

매사촌과 팔색조가
서로의 영역을 넘보진 않지만

다툴 일이 없지만은 않다

殺生有擇을 지키지 못해
출가하지 못한
매사촌과 팔색조는 보리암 도반이다

* 살생유택殺生有擇

먼 걸음을 한 길들이 보리암 해수관세음보살상을 눈에 담다

먼 걸음을 한 길들이
보리암 해수관세음보살상을 눈에 담고 있다

보리암 해수관세음보살상을 눈에 담는 것을
보리암이 모를 리 없다

보리암 해수관세음보살상만 눈에 담는 게 아니라
금산을
앞바다를 다 눈에 담고 있다

먼 걸음을 한 길들이
금산을
앞바다를 다 눈에 담아도
보리암이 내놓으란 눈빛을 보낸 적이 없다

눈에 담아도 닳아지지 않는
금산을
앞바다를
보리암이 내놓으라 하면
인심만 잃는다는 생각이 들어서가 아니라
눈에 담긴

보리암도 세상 구경을 할 수 있어서다

먼 걸음을 한 길들이 돌아갈 때는
눈에 담은
금산을
앞바다를
내려놓아도
보리암 해수관세음보살상만은 내려놓지 않는다

먼 걸음을 한 길들이
보리암 해수관세음보살상을 눈에 담아 가고 있다

보리암 보광전은 머리가 무겁다

보리암 보광전은 머리가 무겁다

머리가 무거울 수밖에 없는 것은
먼 걸음을 한
경향 각지 길들의 마음을
한꺼번에 읽어야 하기 때문이다

먼 걸음을 한 길들이
보리암 보광전의 사정을 봐가면서
보리암 보광전을 찾는 게 아니기에
머리가 과부하가 걸릴 수 있다

먼 걸음을 한 길들 중에
보리암 보광전이
머리가 과부하가 걸릴 수 있다는 생각을 하는
길이 어디에 있겠는가

먼 걸음을 한 길들이
다들 자기 입장만 생각하지
보리암 보광전의 입장을 생각할 정도면
찾아오지도 않을 것이다

잘나가도 머리가 무겁고
못나가도 머리가 무거우니
잘나가서 머리가 무거운 게
못나가서 머리가 무거운 것보다 낫다

보리암 보광전이 머리가 무거워도
투덜대지 않는다

* 보리암 보광전菩提庵 普光殿

극락전이 보광전의 힘을 덜어주다

극락전이
보광전의 힘을 덜어주고 있다

누구보다 더
보광전이 머리가 무겁다는 걸 잘 아는 이가
극락전이다

보광전을 찾은
먼 걸음을 한 길들의 발길을
자신에게로 돌리는 게 아니라
보광전을 뵙고 온 길들을 맞이하니
극락전이 부담을 가질 필요가 없다

먼 걸음을 한 길들이
보광전을 뵙지 않고 자신을 찾을 때도
먼 걸음을 한 길들을
보광전이 다 감당하지 못한 데 있기에
먼 걸음을 한 길들이 자신을 먼저 찾는다 해도
법도에 어긋나지 않는다는 걸
극락전은 알고 있다

반드시 보광전을 뵌 뒤에
자신을 뵈어야 한다면
보광전을 뵙지 않은
먼 걸음을 한 길들에게
보광전을 뵙고 오라고 돌려보낼 것이다

자신이 없다면
보광전이 숨을 돌릴 틈이 없을 텐데
그나마 자신이 있어
보광전이 숨을 돌릴 기회를 갖게 되니
자신을 고맙게 여길 거라고
극락전은 생각하고 있다
자신보다 먼저 극락전을 찾은
먼 걸음을 한 길들도
다 이유가 있어 그러한 것이고
돌아가는 길에 보광전을 꼭 뵙고 가니
극락전은 부담이 없다

극락전이
보광전의 힘을 덜어주고 있다

보리암전 삼층석탑은 작은 거인이다

보리암전 삼층석탑은 작은 거인이다

덩치는 작아도 법력이 만만치 않다

나이 들면 법력이 줄어들 것 같지만
그렇지 않다

법력,
법력은
힘도 힘이지만
기술이다

법력,
법력은
덩치보다
관록이 더 중요하다

보리암전 삼층석탑이
보리암 어른 중의 어른이다

보리암전 삼층석탑은 작은 거인이다

간성각이 종무소로 변신하다

간성각이 종무소로 변신하였다

간성각이 종무소로 변신한 데 대하여
뒷담화를 할 수도 있다

간성각이 종무소로 변신한 건
시중에 따른 것이다

간성각이 종무소로 변신하였다 하여
간성각의 역할을 못 하는 것도 아니다

간성각이 종무소고
종무소가 간성각이다

12월 하순과 1월 사이
종무소에서
노인성을 보기만 하면 된다

간성각이 종무소로 변신하였다

* 간성각看星閣

범종이 헬기 타고 금산에 오신 귀한 몸인 건 분명하나

범종이 헬기 타고 금산에 오신
귀한 몸인 건 분명하나
언제 어디에서 태어났는지
그건 모른다

일체 지옥중생과
만경창파 수륙고혼의
이고득락과 해탈을 염원하는 게
타고난 사명이다

범종의 울음소리에
몸에 새긴
범종의 말씀이 묻어 있는 걸
눈치챈 이들이 몇이나 될까

가까운 바다 저 섬들은
범종의 울음소리에 묻어 있는
범종의 말씀을 알아먹는 것 같은데
나는 까막눈에 까막귀이다

범종이 헬기 타고 금산에 오신

귀한 몸인 건 분명하나
언제 어디에서 태어났는지
그건 모른다

산령각의 산신이 금산의 생사를 주관하시다

보리암 산령각의
호랑이 등에 올라탄 산신이
금산의 생사를 주관하신다

하루도 빠짐없이
누구도 몰래 금산을 둘러보시는데
호랑이 등에 올라탄 채
어느 틈에 단숨에 다녀오시기에
자리를 비운다는 생각을 누구도 못 한다

금산 38경 중
세존도, 노인성, 일출경을 제외하고
나머지는 모두 다
산신의 관할 안에 있다

망대, 문장암, 대장봉, 형리암, 탑대, 천구암
조선태조기단, 가사굴, 삼불암, 천계암, 천마암
만장대, 음성굴, 용굴, 쌍홍문, 사선대, 백명굴, 천구봉,
제석봉, 좌선대, 삼사기단, 저두암, 촉대봉, 향로봉, 사자암,
팔선대, 상사암, 구정암, 감로수, 농주암, 화엄봉, 일월봉
남해양아리석각, 요암 그리고 부소암에게 물어보면

매일 다녀가신다 할 거다

금산 중에
금산의 생사를 주관하시는
산신을 우습게 여기는
금산은 없다

보리암 산령각의
호랑이 등에 올라탄 산신이
금산의 생사를 주관하신다

바위종다리가 보리암 범종의 몸매에 꽂혔다

바위종다리가
보리암 범종의 몸매에 꽂혔다

처음엔
보리암 범종의 울음소리에 묻은
말씀에 꽂혀 찾아왔는데
지금은 몸매에 꽂혔다

범종각 근처에서
기웃거리며
머뭇거리며
범종의 몸매를 훔쳐본다

범종의 울음소리에 묻은
범종의 말씀이 어디까지 이르렀기에
바위종다리가
범종각까지 찾아왔나

구애와 수작과 거리가 먼
범종의 말씀이
바위장다리를

감동 먹인 게 분명하다

머지않아
떠나야 할 때가 오기에
범종의 말씀은 가슴에 새기고
범종의 몸매는 눈에 담는다

바위종다리가
보리암 범종의 몸매에 꽂혔다

반야용선을 꿈꾸는 보리암 예성당이 하고 싶은 말을 주련으로 하다

반야용선을 꿈꾸는
보리암 예성당이
하고 싶은 말을 주련으로 하고 있다

먼 걸음을 한 길들 중에
까막눈이 많으니
누군가가 수고를 아끼지 않아야 한다

沙婆極樂自在遊
財施法施無畏施
隨緣得度無量衆
各得其所成菩提
暫時瞻仰除煩惱
一心憶念隨願成
千手千眼慈悲力
無差平等咸解脫

사바와 극락세계를 자유자재로 거니시며
재물과 법을 가리지 않고 베푸시니
한량없는 중생을 인연 닿는 대로 구하시니
바라는 바 깨달음을 모두 이루게 하시네

잠시 동안 우러러 보는 것만으로 번뇌가 모두 없어지니
한마음으로 생각하면 원하는 것을 이루리라
천수천안의 자비하신 힘으로
차별 없이 평등으로 모두 해탈케 하시네

까막눈을 위하여
수고를 아끼지 않는 것과
오지랖이 넓은 것은 다르다

반야용선을 꿈꾸는
보리암 예성당이
하고 싶은 말을 주련으로 하고 있다

* 沙婆極樂自在遊사바극락자재유
財施法施無畏施재시법시무외시
隨緣得度無量衆수연득도무량중
各得其所成菩提각득기소성보리
暫時瞻仰除煩惱잠시첨앙제번뇌
一心憶念隨願成일심억념수원성
千手千眼慈悲力천수천안자비력
無差平等咸解脫무차평등함해탈
(보리암 홈페이지를 참조하였다)

보리암 선은전이 마음의 상처가 크다

보리암 선은전이 마음의 상처가 크다

보리암 선은전이
마음의 상처가 큰 정도가 아니라
먼 걸음을 한 길들에게
대접 받을 생각을 버린 지 오래됐다

조선이 초심을 잃고
나라 경영을 잘못하여
일제의 식민지가 되었으니
그 책임을 누가 져야 한다는 말인가

남의 힘에 의해 이루어진 해방이
분단을 가져오고
동족상잔인 한국전쟁까지 겪은 것은
모두 다 조선이 초심을 잃은 탓이니

보리암 선은전이 마음의 상처가 크다

3부

노도가 노심초사를 가까이하고 있다

노도가
노심초사를 가까이하고 있다

노도를 찾은
먼 걸음을 한 길들도
노심초사를 가까이하고 있다

노도는
서포 김만중이
오래 버티지 못한 데 대하여
무한책임을 느끼고 있다

지금까지
먼 걸음을 한 길들 중에
어떤 길도
노도에게 책임을 물은 적은 없다

먼 걸음을 한 길들이
노도에게 책임을 묻기는커녕
구운몽을
사씨남정기를

서포만필을
그러니까
서포 김만중을
제대로 파악하지 못하고 찾아온 데 대하여
부끄러움을 감추지 못한다

무한책임을 느끼는
노도와
부끄러움을 감추지 못하는
먼 걸음을 한 길들은
못 말려다

상대에게 약점을 보이지 않으려
상대의 감정을 상하게 하지 않으려
다들
눈빛에 신경을 쓰지만
티가 나지 않는다

서포 김만중이
오래 버티지 못한 데 대하여
무한책임을 느끼면서도

감정을 밖으로 드러내지 않고
부끄러움을 감추지 못하는
먼 걸음을 한 길들도
감정을 밖으로 드러내지 않는다

노도도
노도를 찾은
먼 걸음을 한 길들도
노심초사를 멀리하지 않고 있다

노도 바다직박구리는 이동식 카메라다

노도 바다직박구리는 이동식 카메라다

선착장 근처에서
승선하고
하선하는
먼 걸음을 한 길들의
일거수일투족을 다 눈에 담는다

먼 걸음을 한 길들의
일거수일투족을 다 눈에 담아가지고
어디에다 쓰는지
모르겠다

악용하지는 않는 것 같은데
먼 걸음을 한 길들의
일거수일투족을 다 눈에 담는 걸
괜히 눈치 채 가지고
마음이 편치 않다

나의 일거수일투족을 눈에 담으니
나의 거동이

불편할 수밖에 없다

노도 바다직박구리는 이동식 카메라다,
CCTV 못지않은

노도 마을회관 포구나무가 가까스로 목숨을 건지다

노도 마을회관 포구나무가 가까스로 목숨을 건졌다

구사일생,
일촉즉발이란 말을 제대로 맛본 것이다

누가 포구나무를 베자고 주동했는지 몰라도
베기 직전
마을 이장 이석준옹의 눈에 띄지 않았더라면
노도 마을회관 포구나무는
더 이상 꽃 피고 열매 맺지 못하고 사라졌을 것이다

시누대로 만든 포구총에 맛을 들인
노도의 개구쟁이들에게
포구나무가 탄알을 제공하였는데
마을 이장 이석준옹의 어린 시절이 예외일 리가 없다

포구나무,
포구나무를 베지 않고
포구나무를 벨 생각을 한 것 자체만으로
동티 날 수가 있다

마지막에
누구의 눈에 띄느냐에 따라
운명이 달라지기도 한다

노도 마을회관 포구나무가 가까스로 목숨을 건졌다

서포 김만중 초옥이 구름을 눈에 담으며 혼잣말을 하다

생각해 보지 않아도
먹구름의 지나간 미래는
흰구름이고
흰구름의 다가올 과거는
먹구름이다

태어났다가 사라지고
사라졌다가 다시 태어나는
저 구름들을
내가 눈에 담는 것을
구름들이 눈치챘을 리가 없다

눈에 담아도 아프지 않는,
달아날 생각을 않는
저 구름들이
눈치채고도 모른 척
시치미를 뗄 수도 있겠다

나는 한때
구름 하나가
여덟 개의 구름을 순서대로 만나

희로애락을 함께하다가
꿈에서 깬 이야기를 낳은 적이 있다

뜬금없이 얼굴 내민 것이 아닌
저 구름들은
언제 어디서 무엇으로 나와 헤어졌다가
내 눈에 다시 담긴 것인가

누구도
피해가지 못하는
연기의 법칙은
그야말로 온순하기도 하고
그야말로 난폭하기도 하다

생각해 보면
먹구름의 다가올 과거는
흰구름이고
흰구름의 지나간 미래는
먹구름이기도 하다

서포 김만중 초옥이 탱자나무 아닌 동백나무가 대세다

圍籬安置
서포 김만중 초옥이
탱자나무 아닌 동백나무가 대세다

창으로
무장한 탱자나무가
동백나무에 밀려 달아나지는 않았을 텐데
탱자나무가
눈을 씻고 봐도 보이지 않는다

탱자나무,
탱자나무라고
남에게 원망을 들을 일을 하고 싶겠는가

궂은일 도맡아하면
공로상을 추서해야 맞는데
탱자나무는 상은커녕
작은 새들을 제외하고
누구도 가까이 하고 싶어 하지 않는다

위리안치,

위리안치는
그저 상징에 불과한 것인지
동백나무에 밀려
탱자나무가 처음부터 발을 붙이지 못한 건지
그것이 알고 싶다

圍籬安置
서포 김만중 초옥이
탱자나무 아닌 동백나무가 대세다

* 노도는 한때 동백섬으로 불렸다.
* 위리안치圍籬安置

서포 김만중 초옥 동백나무들이 눈빛으로 이야기꽃을 피우다

서포 김만중 초옥 동백나무들이
눈빛으로
이야기꽃을 피우고 있다

동백나무들만
눈빛으로
이야기꽃을 피우는 게 아니라
서포 김만중 초옥도 함께하고 있다

눈빛으로
이야기꽃을 피우는 동백나무들에게
구운몽, 사씨남정기
그리고 서포만필은 기본이다

구운몽, 사씨남정기
그리고 서포만필을 낳은
서포 김만중 초옥과 동고동락하는
동백나무들의
이야기꽃의 수준이
어느 정도인지 물어볼 필요가 없다

동백나무들이
청출어람은 이루지 못했다 하더라도
서포 김만중 초옥과 비슷해졌으리라는
생각이다

서포 김만중 초옥 동백나무들은
그냥 동백나무가 아니고
구운몽, 사씨남정기
그리고 서포만필을 쫙 끼는
동백나무이다

서포 김만중 초옥 동백나무들이
눈빛으로
이야기꽃을 피우고 있다

서포 김만중 초옥이 생각에 잠겨 있다

思親詩 하나만으로도
배울 바가 많은
서포 김만중 초옥이 생각에 잠겨 있다

동백나무들은
숨을 죽이고 있다

서포 김만중 초옥이
먹구름 낀 하늘만치나
감정의 변화가 심해도
동백나무들은 너나없이 이해하고 넘어간다

구운몽,
사씨남정기,
서포만필을 낳은
서포 김만중 초옥과 희로애락을 함께하는 것을
동백나무들은 행운으로 여긴다

서포 김만중 초옥,
서포 김만중 초옥으로서는 불행한 일이지만
서포 김만중 초옥이 곁에 있어

자신들의 삶이 풍성해진 것을
동백나무들이 체감한 것이다

서포 김만중 초옥의 마음을
가장 잘 읽는 동백나무들이
서포 김만중 초옥이
지금 무슨 생각에 잠겨 있는지
다 알고 있을 것이다

思親詩 하나만으로도
배울 바가 많은
서포 김만중 초옥이 생각에 잠겨 있다

* 사친시思親詩

서포 김만중 초옥을 동백나무들이 이야기를 해달라고 눈빛으로 조른다

낮잠에서 깬
서포 김만중 초옥을
동백나무들이
이야기를 해달라고 눈빛으로 조른다

가위눌린
서포 김만중 초옥의 잠꼬대를 엿들은
동백나무들이 전혀 못 들은 척
시치미를 뗀다

구운몽, 사씨남정기 말고
새로운 이야기를
서포 김만중 초옥이 들려주기를
동백나무들이 바란다

이야기꾼인
자기가 낳은 이야기 말고
남들이 낳은 이야기도
가끔 들려준 적이 있다

동백나무들이

이야기를 해달라고 조르는 것도
가위눌린
서포 김만중 초옥의 표정이 사라지고
밝은 표정이 자리잡게 하기 위해서다

동백나무들은
서포 김만중 초옥 못지않게
생각이 깊다

낮잠에서 깬
서포 김만중 초옥을
동백나무들이
이야기를 해달라고 눈빛으로 조른다

노도가 뒤늦게 서포 김만중 초옥 덕을 보다

동백섬
노도가 뒤늦게 서포 김만중 초옥 덕을 보고 있다

노도를 찾는
먼 걸음을 한 길들이 낳은
발자국꽃의 향기가
만만치 않다

怨이 많은
서포 김만중 초옥의 잠꼬대에
잠 못 이룬 노도가
서포 김만중 초옥의 덕을 보리라
생각지도 못했다

서포 김만중 초옥이
뭘 안겨주기에
경향각지의 길들이 먼 걸음을 하는지
노도는 궁금하다

구운몽,
사씨남정기,

서포만필이 다가 아니다

경향각지의 길들로 하여금
노도까지
먼 걸음을 하게 하는
서포 김만중 초옥은 瑞氣가 있다

동백섬
노도가 뒤늦게 서포 김만중 초옥 덕을 보고 있다

* 원怨
* 서기瑞氣

서포 김만중 초옥이 노도에게 김만중 문학관을 안겨 주다

서포 김만중 초옥이
노도에게 김만중 문학관을 안겨 주었다

서포 김만중 초옥이
손 하나 끄덕하지 않고
노도에게 김만중 문학관을 안겨 준 걸 보면
대단하다

서포 김만중 초옥이
신경 썼을 거라는 생각은
오독이다

이따금 자신의 신세를 한탄하는
잠꼬대를 해
노도와 앞바다를 당황케 할 때가 있어도
대놓고 누구에게 아쉬운 소릴 할
서포 김만중 초옥이 아니다

김만중 문학관이
제 발로 걸어 들어왔는데
달리 말하면

모든 게 다 알아서 긴 것이다

모든 게
다 알아서 긴 것도
구운몽,
사씨남정기,
서포만필을 낳은
서포 김만중 초옥 때문이다

서포 김만중 초옥이
노도에게 김만중 문학관을 안겨 주었다,
손 하나 끄떡하지 않고

서포 김만중 초옥이 낮잠을 자다가 잠꼬대를 하다

남루한
서포 김만중 초옥이
낮잠을 자다가 잠꼬대를 한다

- 내가 이러려고 총대를 맺나
내가 이러려고 총대를 맺나

노도가
귀를 곤두세운다

- 괜히 총대를 매가지고
어머니가 생을 앞당기게 하다니

만조인 불인의 앞 바다가
혀를 찬다

- 불효, 불효가 따로 없는 것을

남루한
서포 김만중 초옥이
낮잠을 자다가 잠꼬대를 한다

4부

조선왕조가 남해로 내친 인물이 한둘이 아니다

뒷심이 무른
조선왕조가
남해로 내친 인물이 한둘이 아니다

일등급인
남해의 해와 달, 별빛을 맛본 인물 중에
머릿속에 떠오르는 인물이
김구, 김만중, 류의양, 남구만이다

남해의 해와 달, 별빛이
김구, 김만중, 류의양, 남구만에게
무얼 안겨 주고
무얼 앗아갔는지 궁금하다

남해의 해와 달, 별빛이
김구, 김만중, 류의양, 남구만에게
뭔가를 안겨 주기만 했지
뭔가를 앗아가지는 않았을 것이다

김구에게는 화전별곡을
김만중에게는 사친시를

류의양에게는 남해견문록을 안겨 주었는데
남구만에게는 무얼 안겨 주었을까

뒷심이 무른
조선왕조가
남해로 내친 인물이 한둘이 아니다

유배문학관이 서포 김만중에게 은혜를 입다

당당한
유배문학관이 서포 김만중에게 은혜를 입었다

유배문학관이 서포 김만중에게
신세를 졌다는 말로는
부족하다

까칠한
서포 김만중이 유배 오지 않았더라면
유배문학관은 얼굴 내밀지 못했을 것이다

장희빈, 장희빈이 아니었다면
서포 김만중이 숙종의 눈 밖에 나지 않았을 것이고
남해 노도로 유배 오지 않았을 것이라 생각하면
유배문학관이 서포 김만중에게 은혜도 입었지만
장희빈에게도 입었다

우리가 한 발자국도 벗어날 수 없는
연기의 법칙은
때론 천방지축이다

알고 보면
유배문학관이
서포 김만중에게
장희빈에게 숙종에게 은혜를 입었다

하지만
무엇보다도
유배문학관이 서포 김만중에게 은혜를 입었다,
까칠한

다랭이논이 근검절약이 몸에 배였다

전망 좋은 곳에 자리를 잡은
다랭이논이 근검절약이 몸에 배였다

근검절약과
인색은 다르다

근검절약과
인색을
이란성쌍둥이로 보는 이들이 있다

근검절약과
인색을
이웃사촌으로 보는 이들도 있다

다랭이논은
인색과 거리가 멀고
근검절약과 거리가 가깝다

전망 좋은 곳에 자리를 잡은
다랭이논이 근검절약이 몸에 배였다

노량에게 불만을 토하는 눈빛들이 많다

必死卽生必生卽死 이순신을 끝까지 지켜주지 못했다고
노량에게
불만을 토하는
눈빛들이 너무 많다

먼 걸음을 한 길들이
불만의 눈빛을 보내도
변명 한 마디 하지 않는
노량은 내공이 세다

必死卽生必生卽死 이순신을 잃고
망연자실과
가까이하고 싶어도
가까이할 수 없는 것이 노량의 운명이다

스크럼을 한 채
하루에 두 차례 오르락내리락하는 바다를
마중하고 배웅하는 임무를 띤
노량은
언제나
누구에게나

불인으로 일관할 수밖에 없다

노량의 속을 모르는
먼 걸음을 한 길들의
불만의 눈빛을
노량은 잠재울 틈이 없다

必死卽生必生卽死 이순신을 끝까지 지켜주지 못했다고
노량에게
불만을 넘어 문책하는
눈빛들도 있다

* 노량露梁
* 필사즉생필생즉사必死卽生必生卽死

충렬사가 나의 눈빛을 읽다

23전 23승의 충렬사가
나의 눈빛을 읽었다

먼 걸음을 한 길들 중에
아직까지 나 같은
의문을 지닌 눈빛은 처음 만난 것이다

나 같은 의문을 지닌 눈빛을
전에 만난 적이 있다면
23전 23승의 충렬사가
나의 눈빛에
당황하지 않을 것이다

'나의 죽음을 적에게 알리지 마라'가 아니라
'나의 죽음을 적이 눈치채지 못하게 하라'가
맞는데
'나의 죽음을 적에게 알리지 마라'는
말이 떠도는 이유가
뭐냐는 나의 눈빛에 동감한 것이다

必死卽生必生卽死

이순신의 죽음을 적에게 알려
전의를 상실한 적이
전의를 충전할 기회를 줄 병사들이 어디 있겠는가

戰方急 愼勿言我死
'전투가 한창 급하니, 내가 죽었다는 말을 내지 마라'를
'나의 죽음을 적에게 알리지 마라'로
누군가가 오독한 것이다

나는 그렇게 말한 적이 없다고
항변하지도 않고
그냥 웃어넘기는
충렬사는 너그럽다

23전 23승의 충렬사가
나의 눈빛을 읽었다,
제대로

* 전방급신물언아사戰方急愼勿言我死: 전투가 한창 급하니, 내가 죽었다는 말을 내지 마라.

떨어진 별이 씨가 되어 이락사가 피어나다

관음포와 눈빛을 주고받는
산언덕에 떨어진 별이
씨가 되어
이락사가 피어났다

떨어진
별이 씨가 되어
다음 해에
피어난 것이 아니라
별이 떨어진 지
234년 만에 피어났다

이락사가
가슴에 새겨놓은
戰方急 愼勿言我死가
먼 걸음을 한 길들의 발목을 붙든다

이락사,
이락사가 누구인가 했더니
23전 23승의
必死卽生必生卽死이다

관음포와 눈빛을 주고받는
산언덕에 떨어진 별이
씨가 되어
이락사가 피어났다

* 이락사李落祠

관음포가 마음이 편할 리가 없다

노량해전의 주무대인 관음포가
마음이 편할 리가 없다

자신의 품에서
이순신 장군이 숨을 거두었는데
마음이 편하다면
그건 바다도 아니다

이순신 장군의 마지막 말인
戰方急 愼勿言我死
전투가 급하니 나의 죽음을 알리지 말라가
나의 죽음을 적에게 알리지 말라로
와전된 것이
관음포는 마음이 놓이지 않는다

그걸 바로잡으려
먼 걸음을 한 길들에게
눈빛을 보내는데
알아먹는지 그것도 의문이다

나대용거북선공원을 비롯하여

이순신장군을 기리는 일들로
관음포가 시간을 죽이는 것도
불편한 마음을 잠시나마
잊기 위한 시도일 수도 있다

노량해전의 주무대인 관음포가
마음이 편할 리가 없다

지족해협 죽방림

하늘에만 기러기 떼가
줄지어 나는 게 아니라
바다에도 대나무로 낳은 기러기 떼가
날고 있다

앞으로 나아가지도
뒤로 물러나지도 않는
바다에 붙박인 기러기 떼다

하늘의 기러기 떼는
때가 되면 왔다가
때가 되면 돌아가는데
바다의 기러기 떼는 돌아가지 않는다

누구에게나 불인인
지족해협이
바다의 기러기 떼를 애지중지하는 걸 보면
알다가도 모를 일이다

하늘에만 기러기 떼가
줄지어 나는 게 아니라

바다에도 대나무로 낳은 기러기 떼가
날고 있다,
에나 지금이나

상주은모래해협이 보리암의 마음을 설레게 하다

상주은모래해협이 보리암의 마음을 설레게 한다

보리암이 수행을 하는 데
지장이 있을 정도다

보리암이 마음이 설레는 것을
말릴 수가 없다

마음이 설렌 보리암이
마음을 빼앗겨
마음을 돌려받지 못하고 사고를 치면
누가 그 책임을 질 것인가

상주은모래해협은
내가 무얼 잘못했냐고
잘빠진 게 뭔 죄가 되냐고
책임을 회피할 것이다

사고 친 다음에
금산 38경에게
누가 그 책임을 지어야 하냐고
물어볼 일이 아니다

보리암이
사고 치기 전에
사고 치기 않도록
금산 38경이 타이르도록 해야 한다

만약 사고 치면
금산 38경 모두가 다
등 돌리겠다고
보리암을 협박 반, 설득 반 해야 한다

보리암이
마음을 빼앗기지 않고
마음을 설레는 정도에서 그치도록
한계를 정해 줄 수 있는 이들은
금산 38경뿐이다

보리암이
환속하겠다면
그건 누구도 못 말린다

상주은모래해협이 보리암의 마음을 설레게 한다

남해가천 암수바위가 태연자약하다

먼 걸음을 한 길들의
눈빛에도
남해가천 암수바위가 태연자약하다

남녀칠세부동석은
저리 가라다

만삭인 바위야
남세스러울 이유가 하나도 없지만
물건이 탱탱한 바위는
남세스러울 이유가 있다

만삭인 바위는
못 말릴 일이고
물건이 탱탱한 바위는
찬물을 끼얹어서라도 말려야 한다

다랭이마을이
조숙한 이유가 여기에 있다

먼 걸음을 한 길들의

눈빛에도
남해가천 암수바위가 태연자약하다

남해는 부동이화 중인 물건방조어부림이 답이다

남해는
부동이화 중인 물건방조어부림이 답이다

길이 1500미터 넓이 30미터
물건방조어부림에
동고동락하고 있는 수목들을
다 거명할 수가 없다

누구를 거명하고
누구를 거명하지 않았다가
편애한다고
오해를 살 수 있다

솔직히 말하면
수목들의 이름을 다 알지 못하니
이름을 거명하지 않는 것이지
수목들의 이름을 다 안다면
이름을 다 거명하였을 것이다

내가 이름을 다 거명하지 못하는
수목들이

몇 십 년이 아닌
몇 백 년 동안 마을을 지키고 있다

상을 한 가지만 추천할 게 아니라
공로상,
모범상,
근면상
모두 다 추천해야 맞다

물건방조어부림의 수목들 중에
누가 사고 쳤다는 소릴 못 들어봤다

남해는
부동이화 중인 물건방조어부림이 답이다

사철단풍인 독일마을은 독일 친선대사다

사철단풍인
독일마을은 독일 친선대사다

오늘의 대한민국이 우뚝 서는 데
서까래가 돼 준
파독 광부와
파독 간호사들이 여생을
조국에서 보내기 위해서 태어난
독일마을은 지지 않는 단풍이다

오늘의 대한민국이 우뚝 서는 데
파독 광부와
파독 간호사가
서까래가 되었다는 말보다
주춧돌이 되었다고 말하는 게 더 낫겠다

파독 광부와
파독 간호사들은
자신들의 피와 땀과 눈물을
기억해 준
조국이 자랑스러울 뿐이다

사철단풍인
독일마을은 독일 친선대사다

남해 미국마을에서 자유의 여신상을 맛보다

남해 미국마을에서
뉘 나도록
자유의 여신상을 맛보고 있다

미국 뉴욕까지 가지 않고
다이제스트판으로
자유의 여신상을 맛보는데
맛이 괜찮다

자유의 여신상의 맛이
어떤 맛이냐고 하면
구체적으로 대답할 수 있다

자유의 여신상의 맛은
신선한 사과맛이다

햄버거나
샌드위치 맛일 수도 있으나
나에게는
단연 사과맛이다

내 말의 진위를 파악하고 싶으면
당장 남해 미국마을로
오라

남해 미국마을에서
뉘 나도록
자유의 여신상을 맛보고 있다

금산 긴꼬리딱새를 가까스로 눈에 담다

금산 긴꼬리딱새를 가까스로 눈에 담았다

금산 긴꼬리딱새를 눈에 담느라
애먹지 않았다면 거짓말이다

금산 긴꼬리딱새가 운이 좋은 건지
내가 운이 좋은 건지
헷갈린다

나는
금산 긴꼬리딱새를 눈에 담았어도
금산 긴꼬리딱새는
나를 눈에 담지 못했을 것이다

금산 긴꼬리딱새가
인기척에 날아갈까 봐
내가 꼭꼭 숨어서
금산 긴꼬리딱새를 눈에 담아서다

금산 긴꼬리딱새가
나를 안중에 두지 않아서

나를 보고도 눈에 담지 않는다면
자존심이 상할 일이다

금산 긴꼬리딱새를 가까스로 눈에 담았다

지장도량 용문사가 유명세를 치루다

지장도량 용문사가
유명세를 톡톡히 치루고 있다

먼 걸음을 한 길들 중에
유마거사를 꿈꾸는 길들이
너무 많아
조금만 수행을 게을리하다간
속을 보이기 때문이다

속만 보이는 게 아니라
입방아에 오를 수 있어서다

무슨 일이든
아무리 힘들어도
어물쩍 넘어갈 생각을 해서는 안 된다

먼 걸음을 한 길들을
너그럽게 대하면서도
엄중함을 잃지 않아야 한다

수행도 쉽지 않고

먼 걸음을 한 길들의
비위를 맞추는 것은 더더욱 쉽지 않다

지장도량 용문사가
유명세를 단단히 치루고 있다

* 용문사龍門寺

약사도량 화방사에게 나의 병을 털어놓는 것은 염치없는 일이다

잘나가는
약사도량 화방사에게
종합병원인 내가
나의 병을 털어놓는 것은 염치없는 일이다

역류, 비염은 기본이고
모든 게
대사증후군에 다다른
나의 육신의 병은 차치하고
나의 마음의 병을 털어놓으려다가
그만 두었다

나보다 더 큰 병을 앓고 있는
먼 걸음을 한 길들의
진료와, 처방과 조제를 하시느라
정신이 없는 화방사에게
짐이 돼서는 안 된다는 생각만은 아니다

내가 부탁을 해야
나의 육신의 병을
나의 마음의 병을 치료해 줄

화방사가 아니다

나의 눈빛만 들여다보고도
나의 육신의 병을
나의 마음의 병을
화방사가 다 알아차릴 것이다

나의 마음의 병은
내가 너무도 잘 알기에
내가 스스로 치료해야 하는데
貪瞋痴,
貪瞋痴에서 벗어나기만 하면 된다

화방사가
먼 걸음을 한 길인
내가 앓고 있으면서도
내가 알아차리지 못하는 병을
나도 모르게 치료해 주실 것이다

다른 중생들에 비하면
내 병은 병도 아니라며

돌려보낼 수도 있다

잘나가는
약사도량 화방사에게
종합병원인 내가
나의 병을 털어놓는 것은 염치없는 일이다

* 화방사花芳寺
* 탐진치貪瞋痴
* 약사도량 화방사는 이순신 장군 원찰이다.

송정 솔바람 해변에서 코를 쿵쿵거리다

잘빠진
송정 솔바람 해변에서 코를 쿵쿵거린다

송정 솔바람 해변에서 만난
경향각지의 길들이
코를 쿵쿵거리는 나를 힐끗힐끗 쳐다본다

먼 걸음을 한 길인 내가
사냥개처럼
코를 쿵쿵거리고 다니니
나를 이상한 눈으로 볼 수밖에 없다

내가 코를 쿵쿵거리는 것은
병아릿빛 송홧가루 냄새를
송정 솔바람 해변에서 맛보고 싶어서다

병아릿빛 송홧가루 냄새를
꿈꾸지 않았더라면
송정 솔바람 해변을 찾지 않았을 것이다

잘빠진
송정 솔바람 해변에서 코를 쿵쿵거린다

삼천포가 남해를 밧줄로 붙들어 매려고 섬들을 설득하다

삼천포가 남해를 밧줄로 붙들어 매려고
늑도,
초량,
모개섬을 설득하였다

늑도,
초량,
모개섬 중 하나라도 협조하지 않았다면
삼천포는 남해를 붙들어 매지 못했을 것이다

삼천포는
설득의 달인이다

삼천포가
늑도,
초량,
모개섬을
'누이 좋고 매부 좋고'라고 설득했을까

삼천포가
녹도,

초량,
모개섬을
'님도 따고 뽕도 따고' 라고 설득했을까

삼천포가 남해를 밧줄로 붙들어 매려고
늑도,
초량,
모개섬을 설득하였다

나비생태공원의 나비생태관은 메타모포시스 공연장이다

꽃들의 희망인
나비생태공원의
나비생태관은 메타모포시스 공연장이다

나비는 꽃을 만나기 위하여
알, 애벌레, 번데기,
우화의 절차를 반드시 밟는다

알, 애벌레, 번데기,
우화의 절차를 밟지 않고
꽃을 만나는 나비는 없다

꽃을 만나기 위하여
우화의 절차를 밟는
나비는 천둥도 두려워하지 않는다

꽃들의 희망인
나비생태공원의
나비생태관은 메타모포시스 공연장이다

* 메타모포시스: 변태

사의재 시인선 72

남 해

1판 1쇄 인쇄일 | 2020년 6월 5일
1판 1쇄 발행일 | 2020년 6월 10일

지은이   김재석
펴낸이   신정희
펴낸곳   사의재
출판등록   2015년 11월 9일 제2015-000011호
주소   전라남도 목포시 용당로 331번길 88, 202동 202호
전화   010-2108-6562
이메일   dambak7@hanmail.net
ⓒ 김재석, 2020

ISBN 979-11-88819-68-3 03810

지은이와 출판사의 동의 없이 이 책의 내용 중 전체 또는 일부를 인용하거나 발췌하는 것을 금합니다.

사진 자료는 남해군청으로부터 지원 받았습니다..

값 10,000원

　이 도서의 국립중앙도서관 출판예정도서목록(CIP)은 서지정보유통지원시스템 홈페이지(http://seoji.nl.go.kr)와 국가자료종합목록 구축시스템(http://kolis-net.nl.go.kr)에서 이용하실 수 있습니다. (CIP제어번호 : CIP2020022447)